BEI GRIN MACHT SICH IHR WISSEN BEZAHLT

- Wir veröffentlichen Ihre Hausarbeit,
  Bachelor- und Masterarbeit

- Ihr eigenes eBook und Buch -
  weltweit in allen wichtigen Shops

- Verdienen Sie an jedem Verkauf

Jetzt bei www.GRIN.com hochladen und kostenlos publizieren

Bibliografische Information der Deutschen Nationalbibliothek:

Die Deutsche Bibliothek verzeichnet diese Publikation in der Deutschen National-
bibliografie; detaillierte bibliografische Daten sind im Internet über http://dnb.d-
nb.de/ abrufbar.

Impressum:

Copyright © 2019 GRIN Verlag
Druck und Bindung: Books on Demand GmbH, Norderstedt Germany
ISBN: 9783346040916

Dieses Buch bei GRIN:

https://www.grin.com/document/502388

Ole Vick

Preismanagement in der Fitnessbranche. Der Monats-beitrag in einem Fitnessstudio

GRIN Verlag

GRIN - Your knowledge has value

Der GRIN Verlag publiziert seit 1998 wissenschaftliche Arbeiten von Studenten, Hochschullehrern und anderen Akademikern als eBook und gedrucktes Buch. Die Verlagswebsite www.grin.com ist die ideale Plattform zur Veröffentlichung von Hausarbeiten, Abschlussarbeiten, wissenschaftlichen Aufsätzen, Dissertationen und Fachbüchern.

Besuchen Sie uns im Internet:

http://www.grin.com/

http://www.facebook.com/grincom

http://www.twitter.com/grin_com

Deutsche Hochschule für
Prävention und Gesundheitsmanagement
Hermann Neuberger Sportschule 3
66123 Saarbrücken

Einsendeaufgabe

Fachmodul:	Marketing II
Studiengang:	Fitnessökonomie
Datum Präsenzphase:	
Matrikelnummer:	
Name, Vorname:	
Studienort:	**Hamburg**
Semester:	**SS2017**

Inhaltsverzeichnis

1 Preismanagement und Kooperationen

1.1 Preiselastizität der Nachfrage

Um eine geeignete Preisstruktur für Clubmitgliedschaften herauszufinden, wird die Preiselastizität der Nachfrage analysiert. Für die folgende Berechnung wird ein bestehender Standort analysiert, welcher aufgrund seiner marktanalytischen Aspekte für ein aussagekräftiges und repräsentatives Ergebnis geeignet ist.

Tabelle 1: Preiselastizität der Nachfrage (Eigene Darstellung)

Mitglie- derbe- stand	Anzahl	Prozentuale Angabe
Bestand:	2700	100 %
Erwar- tete Kün- digun- gen:	300	11,11 %
Preisan- passung:	Wert (in €)	Prozentuale Angabe
Preis:	40,90 €	100 %
Geplante Erhö- hung:	5,00 €	12,22 %
Formel:	Kündigungen (in %)/Preisanpassung (in %)	
	11,11/12,22=0,91	
Elastizi- täten:	Ergebnis < 1: unelastische Nachfrage	
	Ergebnis = 1: isoelastische Nachfrage	
	Ergebnis >1: elastische Nachfrage	
Ergebnis:	Die Preiselastizität der Nachfrage ist unelastisch, da das Ergebnis von 0,91 kleiner als 1 ist.	
Diskus- sion:	Da die Preiselastizität der Nachfrage auf die Preiserhöhung unelastisch reagiert, ist die Erhöhung als sinnvoll einzustufen. Der Kunde nimmt eine Preiserhöhung oft als Qualitätsverbesserung auf. Das Unternehmen kann mehr Umsatz pro Kunde generieren, ohne viele Abwanderungen zu haben. Mit 0,91 liegt der Wert nahe zur Grenze zum elastischen, dies kann zu Problemen führen.	

1.2 Preisbildung

1.2.1 Anlässe der Preisbildung

Das Hauptziel der X&Y Health GmbH ist das Firmenwachstum voranzutreiben. Hierfür sollen neue Standorte innerhalb des Deutschen Fitness- und Gesundheitsmarktes eröffnet werden. Der Anlass der Preisbildung ist hier der Markterschließung zuzuordnen. Auf Grundlage der Ansoff-Matrix ist als Produkt- und Leistungsstrategie die Marktentwicklung zu nennen. Die X&Y Health GmbH strebt an, mit dem bestehenden Konzept neue Märkte zu erschließen. Zwar ist das Unternehmen bereits auf dem Deutschen Fitness- und Gesundheitsmarkt, jedoch geografisch bislang nur im süd-westen. Bei einer Expansion würden somit neue Märkte im gesamten Bundesgebiet erschlossen.

1.2.2 Kostenorientierte Preisbildung

Um die Höhe des monatlichen Mitgliedsbeitrags zu ermitteln, wird das Verfahren der Kostenzuschlagskalkulation angewendet. Es werden alle Kostenpunkte zusammengerechnet und ein gewünschter Gewinnzuschlag aufgerechnet. Die folgende Tabelle zeigt den Rechenweg der Kostenzuschlagskalkulation.

Tabelle 2: Preisermittlung nach Kostenzuschlagskalkulation (Eigene Darstellung)

	Ergebnis	Rechenweg
Fixkosten pro Monat	54166,77	650.000/12
Variable Kosten pro Mitglied und Monat	8,50	
Erwartete Mitglieder	2800	
Fixkosten pro Mitglied (monatlich)	19,34€	54166,77/2800
Gesamtkosten pro Mitglied (monatlich)	27,85€	19,34+8,50
Gewinnzuschlag (15%)	32,03€	27,85*1,15
Verkaufspreis (brutto)	38,12€	32,03*1,19

Der Monatsbeitrag für eine Mitgliedschaft in der X&Y Health GmbH liegt nach Rechnung der Kostenzuschlagskalkulation im Verkauf bei 38,12€. Der X&Y Health GmbH entsteht hierbei ein Gewinn von 4,18€ (netto) pro Mitglied.

1.2.3 Konkurrenzorientierte Preisbildung

Bei der Konkurrenzorientierten Preisbildung ergibt sich der eigene Preis aus bereits bestehenden Preisgestaltungen der Konkurrenz oder dem Preisführer. Die X&Y Health

GmbH sollte seine Preise nicht dem neuen Konkurrenten anpassen bzw. diesen unterbieten. Durch die hohe Service- und Dienstleistungsqualität hebt sich die X&Y Health GmbH vom Wettbewerber ab. Konsumenten bewerten den teureren Preis als Qualitativeres Produkt und nehmen dies als höherwertiger war (Kotler & Bliemel, 2006, S. 848). Durch eine Verbesserung der Servicequalität in Form von besser geschultem Personal trägt die geplante Preiserhöhung zu einer stärkeren Differenzierung zwischen beiden Wettbewerbern beim Konsumenten bei.

2 Strategische Analysemethoden

2.1 Five-Forces-Modell

Um zu bewerten wie attraktiv ein Markt ist, werden beim Five-Forces-Modell, der Einfluss von fünf Wettbewerbskräften auf den Markt analysiert (Bea & Haas, 2013, S.99). In der folgenden Abbildung wird das Unternehmen „Freeletics" nach dem Five-Forces-Modell nach Porter (2000, S. 29) dargestellt.

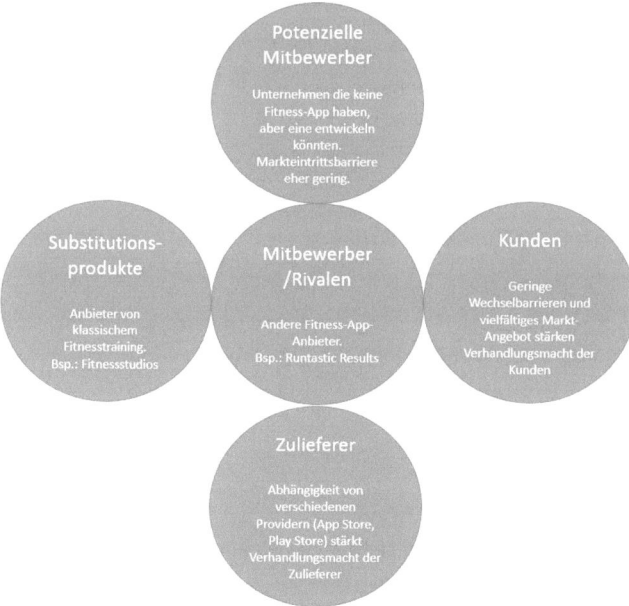

Abbildung 1: Five-Forces-Modell nach Porter am Beispiel Freeletics (Eigene Darstellung)

Mitbewerber/Rivalen:

Da Digitale Trainings nicht standortgebunden sind, stehen alle Anbieter mit ähnlichem Angebot in direkter Konkurrenz zueinander. Im Kerngeschäft, dem Fitnesssport, gleichen sich die Angebotspaletten verschiedener Anbieter sehr stark (Bodyweight-Training) und es herrscht ein Kampf um Mitglieder bzw. Nutzer.

Potenzielle Mitbewerber:

Ähnlich wie Adidas 2015 Runtastic kaufte, könnten andere Hersteller die aus der Sportbranche kommen, jedoch noch kein eigenes Digitales Training anbieten, in den Markt eintreten. Die Markteintrittsbarrieren sind in der Digitalen Sportwelt vergleichsweise gering. Auch bestehende klassische Fitnessbetriebe entwickeln Software in diese Richtung. In diesem Beispiel ist die NewMoove-App von Fitness First zu erwähnen.

Kunden:

Freeletics bietet seine Inhalte in einer kostenfreien und einer kostenpflichtigen Version an. Die kostenpflichtige Variante stellt ein Abonnement dar, welches den Kunden an das Unternehmen für die Laufzeit bindet. Hierdurch entsteht eine Wechselbarriere für den Kunden, was von einem Anbieter-Wechsel abhalten kann. In der kostenfreien Variante besteht praktisch keine Wechselbarriere. Der Markt bietet diverse Alternativen, wodurch den Nutzern eine große Verhandlungsmacht zufällt.

Zulieferer:

Freeletics' Kerngeschäft bezieht sich auf digitales Training. Um das Training anzubieten arbeitet Freeletics mit einer App, welche über externe Provider vertrieben wird (App-Store & Play Store). Zu diesen Providern besteht eine Abhängigkeit, denn sollten diese sich dazu entschließen die App nichtmehr zu vertreiben, bricht die gesamte Distribution des Kerngeschäftes zusammen.

Substitutionsprodukte:

Als Substitutionsprodukt sind alle Alternativen zum digitalen Training via App zu nennen. Der wahrscheinlich größte Konkurrent ist der klassische Fitnessmarkt, da die Mitglieder vor Ort zum Training gehen, oft langfristig gebunden sind und Interesse am klassischen Fitnesstraining haben.

2.2 Durchführung einer SWOT-Analyse

In der folgenden Tabelle wird die SWOT-Analyse nach Stärken und Schwächen des Unternehmens, sowie den Chancen und Risiken des Marktes durchgeführt.

Tabelle 3:SWOT-Analyse für das Unternehmen wie Freeletics (Eigene Darstellung)

Stärken	Schwächen
1. Große globale Community mit 34 Mio. Mitgliedern aus 160 Ländern (Freeletics GmbH, 2019).	1. Bezüglich Produktanwendung gibt es keine persönliche Betreuung, sondern ausschließlich digitale Unterstützung.
2. Flexibles Standortungebundenes Produkt das nahezu überall genutzt werden kann ohne großen Aufwand.	2. Die Preispolitik ist teilweise undurchsichtig und versteckt. Um auf alle Inhalte zugreifen zu können, muss ein Abonnement abgeschlossen werden. Jede App hat ihren eigenen Preis. Preise werden in Wochen angegeben, werden jedoch jährlich abgerechnet.
3. Diversifiziertes Produktportfolio mit vier Apps (Freeletics App, Freeletics Running, Freeletics Gym & Freeletics Nutrition) und mit Freeletics Wear eine eigene Modemarke sowie Trainingszubehör.	3. Zur Nutzung der digitalen Inhalte ist zwingend Hardware (Smartphone, Tablet, PC o.Ä.) erforderlich.
Chancen	Risiken
1. Zunehmende Digitalisierung der Gesellschaft zeigt sich auch im Fitness und Gesundheitsbereich, so nutzen bereits knapp ein Drittel der Deutschen verschiedene Fitness-Tracker um ihr Training und ihre Gesundheit zu kontrollieren (Schmedt, 2016).	1. Freeletics hat eine große Datenbank über rund 34 Mio. Nutzer und deren sportliche Aktivität. Dies kann für Institutionen wie Krankenkassen sehr interessant sein und der Datenschutz muss hier gewürdigt werden.
2. Die Vermehrte Nutzung solcher Produkte wie Fitness-Tracker deutet auf ein erhöhtes Gesundheitsbewusstsein der Menschen hin.	2. Das Kernprodukt von Freeletics wird über Provider (App Store, Play Store) vertrieben. Sollten diese Provider die Freeletics Produkte aus ihrem Angebot nehmen, bricht die Gesamte Distribution des Kerngeschäfts zusammen.
3. Durch Einführung spezieller Trainingsprogramme wie z.B. Yoga. können neue konkrete Zielgruppen erschlossen werden.	3. Markteintrittsbarrieren, sind als gering einzuschätzen und potenzielle Mitbewerber können schnell in den Markt einsteigen.

2.3 Erstellung einer SWOT-Matrix

In der folgenden Tabelle wird eine SWOT-Matrix für das Unternehmen Freeletics dargestellt.

Tabelle 4: SWOT-Matrix für das Unternehmen Freeletics (Eigene Darstellung)

	Chancen	Risiken
Stärken	1. Die Einführung neuer Produkte wird durch die bereits existente Community erheblich vereinfacht. Werbung kann gezielt und mit geringen Streuverlusten ideal auf die Zielgruppe angepasst eingesetzt werden. 2. Die Möglichkeit Ortsungebunden trainieren zu können, kann in Verbindung mit dem verstärkten Gesundheitsbewusstsein der Gesellschaft kombiniert werden um dem Sport und der Ernährung ideal in den Alltag zu integrieren. Beispielsweise zur Anwendung am Arbeitsplatz.	1. .Marktanteil sollte genutzt werden, um sich klar von Konkurrenten zu differenzieren und die Markteintrittsbarrieren zu erhöhen. 2. Qualitätsstandards einsetzen, um sich gegen neu auftretende Konkurrenten zu behaupten.
Schwächen	1. Durch kontinuierliche Überarbeitung und Verbesserung der Produktinhalte, wird der fehlende direkte Betreuungsanteil kompensiert. 2. Die Abhängigkeit von Hardware dahingehend nutzen, um eigenes Produkt zu entwickeln.	1. Durch Implementierung von Datenschutzmaßnahmen können sensible Nutzerdaten effektiv abgesichert werden. 2. Da die Distribution stark Providerabhängig ist, sollten Maßnahmen getroffen werden, um unabhängiger zu sein.

2.4 BCG-Portfolio und Produktlebenszyklus

Innerhalb des BCG-Portfolios nehmen die Fitness-Apps derzeit die Rolle der „Stars" ein. Fitness-Apps haben bereits einen beträchtlichen Marktanteil wie z.B. Freeletics mit knapp 34 Mio. Nutzern, aber ebenso auch ein hohes Marktwachstum in den nächsten Jahren.

Freeletics befindet sich im Produktlebenszyklus in der Phase „Wachstum". Durchlaufen wurde bereits die Phase „Einführung". Die Nutzerzahl ist weiterhin stetig am Steigen und es werden positive Gewinne erzielt (Schnor, 2019). Mit der Einführung neuer Produkte wird der Marktanteil weiter ausgebaut. Die Einführung von Freeletics Wear zeigt auch, dass man verstärkt die Marke in den Vordergrund stellt und weniger über die Produkteigenschaften differenziert werden will.

Vom typischen Produktlebenszyklus unterscheidet sich Freeletics, dass das Unternehmen von Beginn an Gewinne erwirtschaftet hat (Schlenk, 2018). Das Unternehmen verändert und erweitert sein Kernprodukt kontinuierlich, sodass es immer wieder zu neuen Einführungen bzw. Wachstumsphasen kommt, ohne vorher in eine „Sättigung" oder sogar einen „Rückgang" zu kommen.

2.5 Fazit

Nach der Analyse des Unternehmen Freeletics ergibt sich für das Unternehmen die Schlussfolgerung, dass eine eigene Fitness-App vielversprechend erscheint. Da Fitness-Apps im BCG-Portfolio zu den „Stars" zählen, erscheint eine Investition in diesen Bereich als sinnvoll. Da das Zielklientel als eher jung und technikaffin definiert ist, wird die Implementierung einer solchen App wenig problematisch verlaufen. Die SWOT-Analyse zeigte das Zukunftspotential deutlich auf und verspricht bei einer guten Umsetzung eine weitere Markterschließung. Da der Inhalt vieler Fitness-Apps ähnlich aufgebaut ist, sollte eine eigene App Inhalte bereitstellen, die für bestehende Mitglieder nur dort verfügbar sind. Beispielsweise Tagesaktuelle Kurspläne oder Angebote.

3 Corporate Identity

3.1 Interview Analyse

Fitness First hat seine Corporate Identity kürzlich medienwirksam überarbeitet. In einem Interview erklärt CEO Martin Seibold den Hintergrund zu der Veränderung.

3.1.1 Anzeichen der Überarbeitung der Corporate Identity

- Veränderung des Corporate Design durch Farbwechsel von blau zu rot.
- Veränderung des Corporate Design durch Implementierung eines neuen Logos.
- Veränderung des Corporate Design durch Um- und Neugestaltung der Clubs.
- Veränderung der Corporate Communication durch Umbenennung von Kursen.
- Veränderung des Corporate Behaviour durch neues Clubkonzept (24-Hours open) in Hamburg St. Georg

- Veränderung der Corporate Behaviour durch Implementierung von neuen Fitness Trends ins eigene Kursprogramm (Jumping Fitness, POUND u.a.)

3.1.2 Gründe für Neuausrichtung der Corporate Identity

Das ein Unternehmen seine Corporate Identity von Zeit zu Zeit überarbeiten muss kann verschiedene Gründe haben.

- Sollte ein Unternehmen ein negatives Image haben, so kann mit einer guten Re-Branding Strategie ein glaubhafter Kurswechsel vermittelt werden.

- Um im Wettbewerb zu bestehen, kann es sinnvoll sein eine Veränderung der Corporate Identity vorzunehmen um die eigene Positionierung am Markt hervorzuheben und sich abzugrenzen von Konkurrenten.

- Kommt es zu Firmenübernahmen oder Fusionen, kann es ebenfalls zu einer Veränderung der Corporate Identity kommen, um eine eventuelle Neuausrichtung zu untermauern.

- Wenn der Firmenauftritt lange Zeit unangetastet bleibt, ist es möglich, dass dieser nichtmehr zeitgemäß ist und überarbeitet werden muss, weil sich beispielsweise die Firmenidentität oder Zielgruppe geändert hat.

Der CEO von Fitness First, Martin Seibold sagt, dass der Firmenauftritt von Fitness First mit der Zeit in die Jahre gekommen ist und „eingestaubt" wirkte, weshalb neue Akzente gesetzt werden sollten. Fitness First nutzt die Neuausrichtung der Corporate Identity dafür sich klarer am Markt zu positionieren. Mit dem Leitsatz „Wir geben mehr" positioniert man sich klar in den Bereich der Premiumanbieter, wo die Mitglieder beim Training intensiv unterstützt werden. Man entwickelt innovative Studiokonzepte und bildet seine Mitarbeiter intensiv fort um bestmögliche Qualität zu liefern und einen höheren Preis zu rechtfertigen.

3.1.3 Weitere Neuausrichtungen anderer Unternehmen

Die Video-Plattform YouTube überarbeitete seine gesamte Benutzeroberfläche in Bezug auf Design und Benutzerfreundlichkeit. Die Vereinfachung der Plattform sollte sich auch im ebenfalls überarbeiteten neuen Logo widerspiegeln (Berliner Zeitung, 2018).

Die deutsche Robert Bosch GmbH veränderte ihr Corporate Design im Jahre 2016 dahingehend, dass es durch ein grafisches Element ergänzt wurde. Dieses Element findet in der Unternehmenskommunikation vielseitige Anwendung und soll die Firmen Entwicklung in Richtung des digitalen verbildlichen (Bialek & Buchenau, 2016).

Im Jahr 2018 veränderte die Lufthansa den markanten Kranich um diesen speziell an die digitale Entwicklung anzupassen. Die erneuerte Version sollte zugleich eine Reduktion auf das wesentliche darstellen und damit den modernen Stil des Unternehmens besser darstellen (Chawla, 2018).

Das Unternehmen Reebok vollzog im Jahre 2013 einen Wechsel der Corporate Identity dahingehend, dass ein Logo, welches bisher nur für die Produkte aus dem Fitnessmarkt genutzt wurde, auf die gesamte Produktpalette übertragen wurde. Damit einhergehend betonte der Mutterkonzern Adidas, dass die Marke Reebok sich gänzlich auf den Fitness, Tanz und Laufsport fokussieren wird (Steinkirchner, 2013).

3.2 Marktstrategien

3.2.1 Wettbewerbsstrategien

Fitness First verfolgt die Wettbewerbsstrategie der Qualitätsführerschaft. Das Angebot zielt auf eine Gesamtmarktabdeckung ab. Angebotene Produkte sind konventionelles Fitness- und Ausdauertraining, Kurse, Wellness, sowie innovative Trainingsmethoden wie funktionelles Training. Speziell bei der Überarbeiteten Corporate Identity stellt Fitness First den eigenen Qualitätsanspruch, wie gut geschultes Personal, heraus. Die Mitgliedsbeiträge liegen mit ca. 50€ pro Monat deutlich im erhöhten Preissegment.

Weitere Wettbewerbsstrategien sind:

- Die Kostenführerschaft, welche von Discount-Betrieben wie FitX angestrebt wird.
- Die selektive Qualitätsführerschaft, welcher Unternehmen, wie Kieser-Training zuzuordnen sind.

3.2.2 Produkt-Markt-Matrix nach Ansoff

Auf der Basis der Produkt-Markt-Matrix nach Ansoff nutzt Fitness First folgende Strategien:

- Marktdurchdringung: Mit einer bestehenden Leistung, wird ein bestehender Markt bearbeitet. Fitness First begibt sich nur in Urbane Ballungsgebiete und ist dort zumeist mit mehreren Standorten innerhalb eines Marktes vertreten. So sind

Beispielsweise in Hamburg acht Standorte des Unternehmens (Stand 07/2019) (Fitness First Germany GmbH, 2019).

- Laterale Diversifikation: Seit 2006 führt Fitness First eine Kooperation mit der Patricio Travel GmbH und bietet Sportreisen an (Fitness First Germany GmbH, 2019). Das Angebot der Sportreisen steht in keinem unmittelbaren wirtschaftlichen Zusammenhang zum Kerngeschäft, bietet nur wenige Synergieeffekte und dient primär der Risikodiversifikation.

4 Digitalisierung der Fitness- und Gesundheitsbranche

Da das Studio als veraltet beschrieben wird, ist für ein neues Innendesign zu sorgen. Sollte der Geräte-Park veraltet oder defekt sein, so muss dieser Modernisiert und instandgesetzt werden. Das Interieur des Studios wird genutzt, um eine Unique Selling Proposition (nachfolgend USP) zu schaffen. Durch Ambilight-Wände wird im gesamten Studio das Ambiente je nach Kurs, Tag oder Klientel anpassbar. Probleme könnten hier bei Personen mit Epilepsie entstehen. Um Probleme zu vermeiden sollte dies beim Probetraining mittels eines Anamnese-Bogen abgeklärt werden.

Da das Studio veraltet ist, ist davon auszugehen, dass der Kursplan ebenfalls nichtmehr zeitgemäß ist. Um die Mitglieder zu motivieren, regelmäßig Kurse zu besuchen, werden Gruppenfitness-Trends wie Jumping Fitness, Indoor Cycling oder Pound eingeführt. Um das Kursprogramm auch ohne Trainer durchzuführen und so den Ausfall von Kursen zu minimieren, werden zusätzlich Virtuelle Kurse angeboten. Um nicht zu riskieren, dass die virtuellen Kurse aufgrund von technischen Mängeln ausfallen, ist hier auf kontinuierliche Wartung und Instandhaltung durch geschultes Personal zu achten.

Boutique Konzepte erobern stetig mehr Marktanteile und sind für viele Nutzer eine Alternative zum konventionellen Fitnesstraining. Um von diesem Trend zu profitieren wird ein Boutique Konzept aus dem Bereich des Boot-Trainings ins Studio implementiert und angeboten. Nutzer von Boutique Studios sind zu überwiegendem Teil unter 30 Jahren alt und haben die Bereitschaft auch einen höheren Betrag für Fitness auszugeben (fitness MANAGEMENT, 2018). Im Bezirk Berlin Friedrichshein-Kreuzberg leben größtenteils junge Menschen unter 40 Jahren (Amt für Statistik Berlin-Brandenburg, 2019), für welche diese Alternative Art Sport zu treiben sicherlich interessant ist. Mit der Implementierung sind zusätzliche Kosten für Geräte, Marketing und Trainer bzw. Schulungen einhergehend. Um diese Kosten aufzufangen wird das Training im Boutique System nur gegen Zuzahlung angeboten.

Im Check-In Bereich wird die Mitgliedskarte an eine App gekoppelt, welche das Trainingsverhalten der Mitglieder dokumentiert. So kann bei Trainingsabstinenz eine Benachrichtigung auf das Endgerät des Mitgliedes gesendet werden, um die Trainingsmotivation zu erhöhen. Mittels der App können auch Kurse gebucht, Trainer-Termine vereinbart und Trainingspläne erstellt werden. Bezüglich der Vernetzung von Fitness-Studio, App und Mitgliedskarte wird aus Datenschutzrechtlichen Gründen externe juristische Unterstützung eingeholt.

5 Literaturverzeichnis

Amt für Statistik Berlin-Brandenburg. (2019). *Statistischer Bericht Einwohnerinnen und Einwohner im Land Berlin am 31.12.2018*. Potsdam: Amt für Statistik Berlin-Brandenburg.

Bea, F. X. & Haas, J. (2013). *Strategisches Management* (Grundwissen der Ökonomik: Betriebswirtschaftslehre, 6., vollständig überarbeitete Aufl.). Stuttgart: Lucius / Lucius.

Berliner Zeitung (Hrsg.). (2017, 03. August). Schon bemerkt? Youtube hat ein neues Logo – zum ersten Mal seit zwölf Jahren. *Berliner Zeitung*. [elektronische Quelle].

Bialek, C. & Buchenau, M. (2016, 27. März). Die neue Bosch-Welt ist bunt. *Handelsblatt*. [elektronische Quelle].

Chawla, E. (2018, Januar). Eine Ikone ändert man weder leichtfertig noch radikal. *One Magazin 1*, S. 25-27.

Fitness First Germany GmbH. (2019). *Entdecke unsere Fitnessstudios in Hamburg*. Zugriff am 13.07.2019. Verfügbar unter https://www.fitnessfirst.de/hamburg

Fitness First Germany GmbH. (2019). *Finde deine Sport-Reise*. Zugriff am 13.07.2019. Verfügbar unter https://www.fitnessfirst.de/sportreisen

Fitness MANAGEMENT. (2018). *Boutique-Studios boomen & sind voll im Trend*. Zugriff am 19.07.2019. Verfügbar unter https://www.fitnessmanagement.de/fitness/boutique-studios-boomen-sind-voll-im-trend/

Freeletics GmbH (Hrsg.). (2019). *Freeletics PressKit*. Zugriff am 12.07.2019. Verfügbar unter https://www.freeletics.com/en/press/wp-content/uploads/sites/24/2019/03/Freeletics_PressKit_DE_v5_small.pdf

Kotler, P. & Bliemel, F. (2006). *Marketing-Management. Analyse, Planung und Verwirklichung* (10., überarbeitete und aktualisierte Aufl.). München: Pearson.

Porter, M. E. (2000). *Wettbewerbsvorteile. Spitzenleistungen erreichen und behaupten* (6. Aufl.). Frankfurt: Campus.

Schlenk, C. T. (2018). *Die Investoren erwarten, dass Freeletics das Geschäft verzehnfacht.* Zugriff am: 12.07.2019. Verfügbar unter https://www.gruenderszene.de/business/freeletics-exit-sobhani?interstitial_click

Schmedt, M. (2016). Der Datenhunger wächst. *Deutsches Ärzteblatt, 113* (7), 257-258.

Schnor, P. (2019). *Freeletics wird 2019 keinen Gewinn mehr machen.* Zugriff am: 12.07.2019. Verfügbar unter https://www.gruenderszene.de/business/freeletics-geschaeftszahlen-2017?interstitial_click

Steinkirchner, P. (2013, Juni). Reebok ändert nach 30 Jahren ihr Logo. *WirtschaftsWoche.* [elektronische Quelle].

6 Abbildungs- und Tabellenverzeichnis

6.1 Abbildungsverzeichnis

6.2 Tabellenverzeichnis

BEI GRIN MACHT SICH IHR WISSEN BEZAHLT

- Wir veröffentlichen Ihre Hausarbeit,
  Bachelor- und Masterarbeit

- Ihr eigenes eBook und Buch -
  weltweit in allen wichtigen Shops

- Verdienen Sie an jedem Verkauf

Jetzt bei www.GRIN.com hochladen und kostenlos publizieren